Jürgen Werth

Gottes guter Segen ist wie ein sanfter Wind

Mit Fotos von Rahel Täubert

mediaKern

Vorwort

»Du bist ein Segen!«, sagte sie. Dabei war er nur einfach da, als sie seine Nähe besonders nötig hatte.
»Du bist ein Segen!«, sagte er. Dabei hatte sie ihm nur gesagt, was er sich selber nicht sagen konnte.

Segen – das ist das Unerwartete und Unverfügbare. Das Himmlische und Heilige. Ein sanfter Wind, der Herz und Sinne streichelt.

In jedem Segen steckt ein Stückchen Himmel. Steckt der Himmlische und Heilige. Steckt Gott. Steckt seine unerwartete und unverfügbare Liebe.

Ob dieses Buch ein Segen ist? Ich wünsche es mir. Und Ihnen!

Herzlich
Jürgen Werth

Segen ist mehr.
Mehr als Glück.
Mehr als Erfolg.
Mehr als Gesundheit.
Segen ist alles Gute.

Alles.

Drum muss man nicht
»Alles Gute
und
Gottes Segen«
wünschen.

Gottes Segen
ist
alles Gute.
Das Beste.
Vom Höchsten.

Am Anfang spürst du ihn kaum, diesen sanften Wind.
Verwechselst ihn vielleicht sogar mit deinem Atem.
Doch der kühlt nicht. Der belebt nicht.
Hat kaum noch Sauerstoff.
Aber ganz viel Stickstoff.
Er kommt von innen. Aus dir heraus.
Und er bringt die Temperatur deines Körpers mit.

Er hilft nicht an einem heißen Sommertag.

Aber nein, es ist nicht dein Atem.
Dieser sanfte Wind kommt von außen, nicht von innen.
Strotzt vor Sauerstoff.
Steckt voller Schöpferkraft.
Er ist eine frische Brise aus einer anderen Welt.
Ein Hauch aus dem Himmel.

Du kannst dich nicht selber erfrischen.
Du darfst dich erfrischen lassen.
Du kannst dich nicht selber segnen.
Du darfst dich segnen lassen.

Dürres Land. Dürres Leben.
Dürre Gedanken. Dürre Hoffnungen.
Seit Tagen geht das so.
Ach, eigentlich seit Monaten.
Nur noch Alltag.
Nur noch Durchschnitt.
Eigentlich geht gar nichts mehr.
Nicht weiter. Nicht nach vorn.
Und schon gar nicht nach oben.

Als es zu tröpfeln beginnt.
Zögernd erst. Dann immer stärker.
Warm und wärmend.
Frisch und erfrischend.
Ein warmer Landregen. Unverhofft.

Wie eine Dusche von Gott.
Eine Segensdusche.

Gottes Segen kommt spätestens rechtzeitig.
Freu dich drauf.

Du wartest auf die SMS mit dem erlösenden Satz.
Auf die Nachricht, die den Nebel zerreißt.
Auf das Wort, das alles ändert.
Das erste »Ich liebe dich!«.
Das erzitterte »Alles wieder gut!«.
Das ersehnte »Ich stehe zu dir!«.

Solche Worte tun unendlich gut.

Doch du weißt,
dass Worte ein Verfallsdatum tragen.
Worte von Menschen.

Nur Worte aus dem Himmel sind ewig.
Weil sie Gottesworte sind.
Sie gelten selbst dann noch, wenn Himmel und Erde vergehen.

»Was du, Herr, segnest, das ist gesegnet ewiglich« (1. Chronik 17, 27).
Was Gott segnet. Was er zusagt. Was er verspricht.

Ich liebe dich!
Alles wieder gut!
Ich stehe zu dir!

Manchmal ist das Leben wie ein grauer Novembertag.
Dich friert, obwohl die Heizung läuft.
Die ungemütliche Kälte steckt in deinen Knochen.
In deiner Seele. In deinen Gedanken und Gefühlen.

Du möchtest dir die Decke über den Kopf ziehen. Und übers Herz.
Du sehnst dich nach Wärme und Geborgenheit.

Da erreicht dich ein warmes Wort aus dem Himmel:
»Er wird dich mit seinen Fittichen decken,
und Zuflucht wirst du haben unter seinen Flügeln« (Psalm 91,4).

Bei Gott ist es warm. Bei ihm bist du gut aufgehoben.
Sein Segen ist wie ein warmes Nest. Eine weiche Decke.
Das ewige Zuhause, aus dem du nie wieder vertrieben wirst.

Dieser Flughafen macht dich wahnsinnig.
Unendlich groß und weit und verwinkelt.

Hunderte von Menschen um dich herum. Hunderte? Tausende!
Unbekannte Stimmen, Sprachen, Gesichter.
Keinen kennst du. Keiner kennt dich.
Keiner interessiert dich. Keinen interessierst du.

Einsam und verlassen inmitten von Menschen.
Verlassen, verirrt und verwirrt.

Als du auf einmal deinen Namen hörst.
Hast du dich verhört?
Nein, kein Zweifel. Das ist dein Name, der da wieder und wieder gerufen wird.
Und die Stimme, die ihn ruft, kennst du.
Du suchst das Gesicht zur Stimme.
Und findest es.
Und es lächelt dich an.

Du bist gefunden!
Bist nicht mehr allein.

Jeder sucht einen, der ihn versteht.
Und erzählt. Und beschreibt. Und erklärt. Und begründet.

Und versteht manchmal selbst nicht,
was er da erzählt, beschreibt, erklärt, begründet.

So vieles bleibt rätselhaft.

Wie soll da ein anderer verstehen können!

Manfred Hausmann hat einmal in einem Liebesgedicht geschrieben:
»Ach, immer bleibt das Innerste allein …«

Bleibt es? Muss es?

Nein.
Denn einer versteht. Immer.
Weil er dein Schöpfer ist und dein Vater sein will.
Er versteht, was du selbst nicht verstehst.
In sein Verstehen kannst du dich fallen lassen.

Wir wissen, was eine Krankheit ist, wenigstens ungefähr.
Aber wissen wir auch, was Gesundheit ist?
Wir wissen, was ein Unglück ist, meist ziemlich genau.
Aber wissen wir auch, was Glück ist?

Vieles, was wir für Glück halten, ist häufig genug bestenfalls ein Glückchen.

Weil es gefährdet und bedroht ist.
Vergänglich und zerbrechlich.

Was ist Glück?
Was macht glücklich?

In der Bibel behauptet einer: »Gott nahe zu sein ist mein Glück!«
Und will damit sagen:

Gott ist Glück. Der Vater allen Glücks.
Darum ist jeder, der sich an ihn hält, glücklich.
Ein Kind des Glücks. Ein Glückskind.
Er kann die freundliche Fürsorge des Vaters genießen.
Ist im warmen Nest seiner Liebe zu Hause.
Atmet die Weite des Himmels.

Und er weiß: Das alles ist unvergänglich.

Denn was Gott schenkt, ist wie er: ewig.

Gottes Liebe ist anders als meine Liebe.
Meine Liebe ist immer Reaktion.
Gottes Liebe ist Aktion.
Meine Liebe ist im geliebten Menschen begründet.
Gottes Liebe in seinem eigenen Herzen.

Meine Liebe stößt irgendwann an Grenzen.
Gottes Liebe ist grenzenlos.
Meine Liebe kann sterben.
Gottes Liebe stirbt nie.

Weil er ein Backofen voller Liebe ist,
der vom Himmel bis auf die Erde reicht.
So hat das Martin Luther einmal beschrieben.

Gott möchte seine Menschen mit nie endender Liebe segnen.

Du sollst leben,
denn Gott segnet dich.
Er verlässt dich nicht.
Er hält dich aus.
Auch deine Ängste. Deine Sorgen. Deine Zweifel. Deine Schuld.
Er bleibt ein Leben lang in deinem Haus zu Haus.

Du sollst leben,
denn Gott segnet dich.
Er vergisst dich nicht.
Er hat dich angenommen. Als sein Kind.
Und er nimmt auch an, was du selber nur schwer annehmen kannst.
Deine dunklen Seiten. Deine dunklen Stunden.
Nichts kann dich jemals aus seinem Herzen reißen.

Du darfst leben,
denn Gott segnet dich.
Und die Welt durch dich.
Und der Glaube und die Liebe werden neu.
Bei dir. Bei den Menschen, denen du begegnest.
In deinem Büro. In deiner Küche. Im Supermarkt.
Er segnet, damit du ein Segen bist in deiner Umgebung.

Du darfst leben,
denn Gott segnet dich.
Er begleitet dich.
Und lädt sich all das, was dir zu schwer wird, selber auf.
Er trägt, was du zu tragen hast.
Was dir aufgetragen ist.

Nie gehst du allein.
Du gehst und lebst mit seinem Segen.

Und selbst wenn es scheinbar bergab geht –
an seiner Hand geht es Schritt für Schritt bergauf.

Die engen Wände deines Alltags sperren dich ein.
Nehmen dir die Luft zum Atmen.
Du möchtest ausbrechen, aber du kannst nicht.

Die engen Wände deiner Geschichte lähmen dich.
Legen dich auf deine Vergangenheit fest.
Du möchtest von vorne anfangen, aber du weißt nicht, wie.

Die engen Wände deiner Sorgen nehmen dir allen Mut.
Nehmen dir den Glauben und die Zuversicht.
Du möchtest Hoffnung tanken, aber du weißt nicht, wo.

Lies einen Psalm. Lies ihn immer wieder.
Sing ein Lied. Sing es immer wieder.
Wag ein Gebet. Wag es immer wieder.

Und erlebe, dass Gottes Segen deine Füße auf weiten Raum stellt.
Und dein Herz. Und deine Seele. Und deine Gedanken.

Und vor dir öffnet sich ein neues Land.

Die Rose von Jericho ist berühmt.
Auch wenn sie eigentlich keine Rose ist.
Eher ein Kraut.

Ein wirres dürres Knäuel. Totes Gestrüpp.
Auf den ersten Blick.
Vom heißen Wüstenwind aus ihrer Wurzelverankerung gerissen.
Über Sandflächen und Geröllfelder getrieben.
Manchmal kilometerweit.

Doch wenn es zu regnen beginnt, kehrt das Leben zurück.
Entfaltet sie sich. Wurzelt sie sich neu ein. Werden die dürren Ästchen grün.

Bis der heiße Wüstenwind erneut die Herrschaft übernimmt, sie entwurzelt und vor sich hertreibt.

Ein Bild für das Leben.
Lass dir Geduld schenken.
Dürre Äste können zu neuem Leben erwachen.

QVO·ADVSQVE·SIGNEMVS·SERVOS·DEI·NOSTRI·IN·FRONTIBVS·EORVM·NOLITE·NOCERE·&c.

Schwer fällt die Tür hinter dir ins Schloss.
Und es ist still.
Der Lärm der Stadt ausgesperrt. Zumindest gedämpft.

Es war nur eine Tür. Aber sie hat dich in eine andere Welt geführt.
Eine stille Welt.
Eine heilige Welt.
Eine himmlische Welt.

Was draußen war, ist grad nicht mehr so wichtig.

Du spürst es mit allen Sinnen:
Die Stille ist stärker als der Lärm.

Die Stille der Kirche.
Die Stille des Himmels.
Die Stille der Nähe Gottes.

Such sie. Immer wieder. Damit du erkennst, was du brauchst. Was dich hält.

Lass dich segnen mit der Ruhe Gottes.

Immer wieder hast du auf die Uhr an deinem Handgelenk geschaut.
Immer wieder hast du die Hand enttäuscht sinken lassen.
Noch so viel Nacht vor dir.
Noch so lang bis zum Morgen.

Nachts sind nicht nur alle Katzen grau, sondern auch alle Gedanken.
Grau und schwarz und schwer.
Die Sorgen um deine Familie liegen dir tonnenschwer auf der Seele.
Die Sorgen um die Welt rauben dir den Schlaf.
Du möchtest mit jemandem sprechen. Aber das kannst du hier jetzt nicht.
Alle schlafen.

Wohl dir, wenn du beten kannst.
Wenn du all das, was dich zu Boden drückt, abgibst.
Vor dem Gott ausbreiten kannst, der niemals schläft.

Gott suchen und mit ihm reden tut gut.
Ist gut.
Ist Segen.
Ist Glück.
Denn niemand hört aufmerksamer zu.
Niemand versteht besser.
Er ist ja nicht nur der Gott im Himmel.
Er ist auch der Gott auf der Erde, der Gott in deinem Alltag.
Und er kann helfen.
Er kann eine Situation von einem Moment auf den anderen verändern.
Oder dir genug Kraft geben, die unveränderte Situation auszuhalten.

Und er lässt sich bitten. Immer. Weil er dein Vater ist.

Martin Luther sagt es so:
»Dieweil er Gott ist, kann und weiß er, wie er es aufs Beste
mit mir machen soll.
Dieweil er Vater ist, wird er es auch tun.«

Der Karfreitag ist für viele das dunkelste Fest der Christenheit.
Dabei ist es vielleicht das hellste.
Im englischen Sprachraum heißt dieser Tag »Good Friday« – guter Freitag.

Ja, dieser Tag ist gut.

Denn ohne ihn säßen wir noch immer in den Verstrickungen unserer Schuld.

Der sterbende Christus versöhnt uns mit Gott.

Der auferstehende Christus öffnet den Weg ins Leben.

Der Gekreuzigte gibt Trost.
Der Auferstandene gibt Hoffnung.

Mitten im Schmerz.
Mitten in der Trauer.

Hier warst du noch nicht.
Kennst dich nicht aus.
Kennt sich überhaupt jemand hier aus?
Du suchst nach einem Wegweiser, doch du findest keinen.
Das ist Neuland. Da war noch niemand vor dir.
Darum kann es keine Wegweiser geben.

Jeder Tag ist Neuland.
Hier warst du noch nicht.
Kennst dich nicht aus.
Hier kennt sich überhaupt niemand aus.
Du suchst nach einem Wegweiser, doch du findest keinen.
Das ist Neuland. Da war noch niemand vor dir.

Als du plötzlich eine Hand spürst, die nach dir greift.
Eine starke, zarte Hand.
Und eine Stimme sagt:
»Ich gehe mit. Ich kenne mich aus. Ich bin der Mann von gestern. Und der Mann von morgen. Darum bin ich ein guter Begleiter für heute.«

Diesen Bibelvers kann man sich leicht merken:
2. Buch Samuel, Kapitel 22, Vers 2.
»Der Herr ist mein Fels und meine Burg und mein Erretter.«

Ein David-Satz, notiert am Ende einer schweren Zeit, in der das Gegenteil richtig zu sein schien:

Leben auf Treibsand. Je mehr du dich bewegst, desto tiefer sinkst du ein. Keine Burg weit und breit. Schutzlos und ausgeliefert stehst du auf freiem Feld. Und ein Erretter ist weit und breit nicht auszumachen.

Aber David weiß: Gott war immer da. Hat meinen Füßen festen Stand gegeben, hat mich beschützt. Hat mich gesegnet. Sonst wäre ich nicht da, wo ich bin.

Unter dem Treibsand war Fels.

Gott hat gesegnet.
Auch wenn sich nicht jeder Segen wie Segen anfühlt.
Im ersten Moment.

Haben wir zuweilen eine eingeschränkte Wahrnehmung?
Haben den Eindruck, wir würden in Sorgen und Problemen versinken, und stehen doch auf festem Grund?
Haben den Eindruck, jeder könnte mit uns machen, was er wollte, und sind doch geschützt?
Haben den Eindruck, wir wären rettungslos verloren und Hilfe wäre nirgendwo in Sicht? Und liegen doch längst auf der Tragbahre unsres himmlischen Rettungssanitäters?

Können wir bei David lernen, dass wir dem Augenschein nicht trauen dürfen?
Dass es hinter unserer Wirklichkeit eine andere Wirklichkeit gibt?

Dürfen wir unseren Empfindungen nicht trauen?
Sind wir gehalten, auch wenn wir uns haltlos vorkommen?
Sind wir gerettet, auch wenn wir uns rettungslos überfordert fühlen?

»Der Herr ist mein Fels und meine Burg und mein Erretter.«
Er ist es. Er war es. Er wird es auch künftig sein.
Sich darauf verlassen ist Glauben gegen den Augenschein.
Ist Vertrauen gegen die eigenen Empfindungen.
Diesen Glauben muss man sich schenken lassen.
Dieser Glaube ist Segen.
Er liegt abholbereit. Ist nur ein Gebet entfernt.

Du bist der Wind in meinen Segeln,
bist das Meer, auf dem ich treib,
du schreibst zu meinem Spiel die Regeln
und siehst noch selbst nach, wo ich bleib.

Du bist die Sonne, bist der Regen,
der Sturm, der wild mein Haar zerzaust,
du stemmst dich meinem Boot entgegen,
wenn's blind in einen Abgrund saust.

Ich bin ein Bild, du bist die Farbe,
du bist die Leinwand meiner Welt.
Kein Klecks, kein Tupfer, den ich trage,
hat sich von selber eingestellt.

Ich bin ein Buch, du füllst die Seiten
und ich bewundre deinen Stil.
Während die Jahre mir entgleiten,
kommt die Geschichte an ihr Ziel.

Du bist das Seil, auf dem ich tanze,
du bist die Stimme, ich das Wort.
Ich bin ein Teil, du bist das Ganze,
ich bin ein Ton, du der Akkord.

Du bist der Klang, ich bin das Echo,
verschwommen, leise, überdeckt.
Mir soll genügen, wenn man dich so
als meine Klangquelle entdeckt.

Der Autor Jürgen Werth

1951 in Lüdenscheid geboren.
Seit 1994 Vorstandsvorsitzender von ERF Medien.
Bekannter Autor. Moderator. Liedermacher.

Die Fotografin Rahel Täubert

1972 in Berlin geboren.
Seit 1994 in der Mode- und Werbebranche.
Vielseitige freischaffende Künstlerin.
International tätig.

Bibliografische Information der Deutschen Nationalbibliothek
Die Deutsche Nationalbibliothek verzeichnet diese Publikation in der Deutschen Nationalbibliografie;
detaillierte bibliografische Daten sind im Internet über http://dnb.d-nb.de abrufbar.

ISBN 978-3-8429-3529-7

Bestell-Nr. 5.123.529

Umschlagbild: Rahel Täubert
Umschlaggestaltung: Rahel Täubert
Satz: J. Deusch
Lektorat: Dr. Ulrich Parlow
Gesamtherstellung: Drukarnia Dimograf, Bielsko-Biała, Polen
Printed in the EU 2014

www.media-kern.de